暮らしに息づく花

KEITA FLOWER DESIGN

川崎景太

RIKUYOSHA

「花能性」カノウセイ

「花を暮らしで楽しみたい」と思われていらっしゃる方々のためにこの本では、今の時代に息づく花のアイディアの数々をご紹介いたします。ただ愛でるだけの花ではなく、そのデザインをより効果的に生活のなかで意味あるものとして活用することで日常の暮らしが、今以上に花と共に豊かなものになっていくことでしょう。「花はものではなく生きもの」という解釈のもと、花が持てる魅力を最大限に引き出し、いかすことで、皆様にとって感動ある毎日が明日を迎える喜びになれば、この上なく幸せです。この本を参考に、ときめきから始まる花の可能性をぜひお楽しみください。

フラワーアーティスト　川崎景太

Flower Possibilities

This book is for all those people who feel that they want to enjoy flowers in their daily lives. In it, I introduce a host of different ideas for flower designs that can flourish in today's world. These designs are not intended merely to allow flowers to be appreciated, but rather they try to use flowers in a more effective way as meaningful elements in our daily lives, and so should certainly help readers enjoy an even richer lifestyle with flowers. I hope that readers, basing themselves on the idea that 'flowers are not just things, but are living things', will become able to bring out to the fullest extent possible the charms that flowers possess, and by doing so will be able to turn the excitement of each day into an eager anticipation of each new tomorrow. I can imagine no happier outcome than this. Please use this book as a reference and then enjoy all the possibilities of flowers that are opened up by the thrill we experience each time we encounter them.

Keita Kawasaki, Flower Artist

川崎景太 | Keita Kawasaki

1958年、東京生まれ。フラワーデザイナーの第一人者であるマミ川崎の長男として、幼少より植物の力と美を肌で感じながら育つ。1982年、カリフォルニア芸術工芸大学卒業。以後、テレビや雑誌、展覧会などで、既存のアレンジメントの常識を打ち破る斬新な作品を次々と発表し、現代フラワーデザイン界を牽引し続けている。一方で、2006年から2013年まで、フラワーデザインのパイオニアである「マミフラワーデザインスクール」の主宰を務めるなど、後進の育成にも力を注ぐ。2014年、アーティストとしての活動にいっそう注力すべく、(株)KTIONを設立。ブランド「KEITA KAWASAKI」を立ち上げ、ステーショナリーやファブリックなど、さまざまなジャンルのなかで植物の魅力を訴求する。
特にコンテンポラリーアートにも通じる大胆な空間インスタレーションには定評があり、ディスプレイやデザイン関連でも数々の賞を受賞。多彩な表情を持つ作品には「生きものとしての植物」という一貫した姿勢が通底し、現代社会に向けて「共生・共感」を投げかけている。『花のメッセージ』『花・異次元』『花は語る』他、著書や監修書籍、多数。

[オフィシャルウェブサイト] http://www.keitakawasaki.net

目次　Contents

「花能性」カノウセイ　Flower Possibilities ・・・・・・・・・・ 2

1. 食と花　FOODS AND FLOWERS ・・・・・・・・・・・ 5
2. まとう花　FLOWERS FOR WEAR ・・・・・・・・ 21
3. 贈る花　FLOWERS FOR SENDING ・・・・・・・ 31
4. インテリアの花　FLOWERS FOR INTERIORS ・・・ 43
5. 花で絵を描く　FLOWER GRAPHICS ・・・・・ 67

植物と人が奏でる地球のシンフォニー ・・・・・・・・・・ 76
植物から香りの贈りもの ・・・・・・・・・・・・・・・ 77
Keita Original 一覧 ・・・・・・・・・・・・・・・・・ 78
Postscript ・・・・・・・・・・・・・・・・・・・・・ 80

1 FOODS AND FLOWERS
Songs of praise created by combining flowers and foodstuffs

食と花 — 食材と花を組み合わせた讃花

食材は体に必要なエネルギーを満たし笑顔をもたらし、花は色鮮やかな美しさ、優しさを放ちます。同じ生きもの同士、異なった魅力と才能を持つ個のリズムを合わせ演出することで、五感に響く輪のメロディーとなります。幸せという六感のハーモニーの感動を暮らしのなかでお楽しみください。

Foodstuffs replenish the energy the body needs and bring smiles to our faces. Flowers contribute the beauty of their vivid colours and gentleness to the world. Please enjoy in your daily lives the thrill that arises when these two types of living things, each with its own rhythm of charm and talent, blend together in the performance of a melody that appeals in concert to the five senses, creating a harmony with the sixth sense, that of happiness.

FOODS AND FLOWERS

漆椀を重ねて

形や大きさの違う容器を重ねて、花をいけてみてはいかがでしょうか。この作品は違った形の漆椀を重ねて、その間に水を入れて花をいけてみました。漆の色を意識してシックな花を合わせると和のテイストが演出できます。水がたまる機能があればすべて花器になるという可能性を追求しました。

[花材] アジサイ、ジニア、ユーカリ、ニトベカズラ
[その他の材料] 漆の器大小2客、ナッツ

作り方のポイント　大小の器の間に水を入れ、花を挿す。

ガラス容器を重ねて

同じ形で違った大きさのガラス器を重ね合わせ、その間に水を注いで器の半分に花をいけてみました。ガラスの特性をいかし、なかにパーティー用のドリンクを入れると、飲み物と花が一体化してゴージャスな卓上を演出できます。

[花材] エピデンドラム、バンダ、アンセリウム、グロリオサ、オクラレウカ、ニューサイラン、トケイソウ、モカラ、フィロデンドロン、ミント
[その他の材料] ガラスの器大小2客、パーティー用ドリンク

| 作り方のポイント | 大小のガラスの器の間に水を入れ、花を挿す。

FOODS AND FLOWERS

コップに野菜で花をいける

形や色がとりどりの野菜は食べるだけではなく愛でることを楽しむのも大切です。それぞれの野菜の特徴や色をいかして花を支えるためのメカニックス（用具）とし、一花一菜を楽しく演出してみました。キッチンの窓辺などに飾ると調理が楽しくなること間違いなしです。

［花材］ブナシメジ＋ミラ・ビフローラ、トマト＋ジニア、パプリカ＋グロリオサ
　　　　ニンジン＋キバナコスモス、ブロッコリー＋バラ、ナス＋ダリア
［その他の材料］ガラスのコップ、テーブル：HANA GRAPHIC WOOD（P78参照）

野菜スティックに花を添えて

食べ物が並ぶダイニングテーブルに花があるという光景はよく目にしますが、食べ物と花が一体化したデザインは未知の世界です。こんな野菜スティックアレンジはいかがでしょうか。ただの野菜以上のおいしさが味わえるでしょう。

[花材] センニチコボウ、ムスカリ、グリーンネックレス、オオタニワタリ、オクラレウカ、リュウココリネ

[その他の材料] 円形水盤、ガラスのコンポート、グラス、ピンバッジ：PINKIE（P78参照）、両面テープ

| 作り方のポイント |

1. オオタニワタリを半分に割り、器のまわりに巻きつける。
2. オオタニワタリの葉と葉の間に花を挿す。
3. グラスの花は、オクラレウカなどの細い葉をピンバッジで挟み、両面テープで葉を器に固定させる。

FOODS AND FLOWERS

Spring

花の着せ替え絵皿

白いお皿の縁に花をコラージュし、同じぐらいの大きさのガラスのお皿をその上に重ねて花をサンドウィッチ。この世に二つとしてないあなただけのオリジナルのお皿ができました。
さて、あなたはどのような食べ物をそこに演出しますか？

春 Spring　ミツバで手をつないだビオラが優しい気持ちにしてくれるでしょう。
夏 Summer　暑い夏に涼やかなブルーで心を癒しましょう。
秋 Autumn　秋の色変化を小菊の花と葉でかわいらしく演出しました。
冬 Winter　白いなかに雪の結晶をイメージして表現すると神秘的な静寂感が生まれます。

[花材]
春：ビオラ
　　ミツバ
夏：ブルースター
　　エンドウ
秋：キク
冬：シロタエギク
　　フランネルフラワー
[その他の材料]
白い皿
ガラスの皿

Summer

Autumn

Winter

FOODS AND FLOWERS

食卓を花園に
（プレイスマット・コースター・箸置き）

エディブルフラワー（食べられる花）で飾られたサラダの下には花のプレイスマット。お箸やフォークを置く一輪挿しの花の箸置き。グラスの底に垣間見るリズミカルな花のコースター。食卓を花でトータルコーディネイトすると食事がより華やかになり、笑顔と会話が弾むことでしょう。

Ⓐプレイスマットの花色に合わせパッションあふれる食卓の演出。
Ⓑプレイスマットの花色に合わせ涼やかな爽やかさを演出。

[花材]
マリーゴールド
パンジー
ビオラ
エンドウ
グリーンネックレス
ベゴニア

[その他の材料]ⒶⒷ
PLACE MAT
（P78参照）
箸置き：HANA
MAKURA（P78参照）
HANA GRAPHIC
コースター（P78参照）
野菜

[花材]
パンジー
ペンタス
ビオラ
シロタエギク
フランネルフラワー

Ⓑ

FOODS AND FLOWERS

花幕の内

幕の内弁当は色合い、形、味、栄養価、季節などを考え、料理を小さな折のなかにバランスよく配置した巧みな小宇宙です。この世界観を花で表現しました。「花より団子」ならぬ「花も団子も」という気持ちで、花ある食事をお楽しみください。

[花材]
キク
サンキライ
サンゴミズキ
ジニア
ツバキ
トクサ
リキュウソウ
オクラレウカ
シモツケ
ヤマゴケ
リュウココリネ
ナズナ
ミント
タニワタリ
[その他の材料]
重箱
吸水性スポンジ

野菜と花のコラボレーション
(鍋の具材)

ざるやお皿に盛られた野菜を見て思いました。「おいしそう」だけではなく、愛でる華やかさが加わることで、いっそう温かい気持ちで鍋を囲むことができるのではないでしょうか。アレンジした花も鍋の具材として食べることができたら最高です。

[花材]
ナノハナ
エンドウ
チューリップ
[その他の材料]
ざる
お盆
吸水性スポンジ

FOODS AND FLOWERS

左右で花がサプライズダンス

小花の茎の切り口からワイヤーをさし込み、茎から先のワイヤーを渦巻きにします。水を張った容器に、渦巻きの上に小石を置いて花を立たせます。「なぜ小花が立っているの?」というサプライズとモダン山水画のようなゴージャスな光景を食べ物と共にお楽しみください。

[花材] ジニア、アスター、ピットスポルム、ユーカリ、ヒューケラ
[その他の材料] 金属製コンポート、白い皿、タイル石、ワイヤー(24番)、吸水性スポンジ

| 作り方のポイント |

花の茎にさしたワイヤーの先を渦巻き状にして立たせ、石を置いて支える。

花と食材で絵を描く

複数の丸いクレーターのようなくぼみがあるお皿です。水を張って花を浮かべてもよし、食材と花を組み合わせてもよし、自己流で楽しく思うがまま演出してみてください。きっと素敵な花と食べ物のアブストラクション（抽象画）になることでしょう。

[花材]
ブドウ
エピデンドラム
カラー
トケイソウ
ヒムロスギ
ツルコケモモ
ヒメリンゴ

[その他の材料]
器：CELL plate
（P78参照）
チョコレート

FOODS AND FLOWERS

ワインツリー

クリスマスが来る日まで、デコレーションツリーとして暮らしを楽しく演出してください。そして……クリスマスイブにはワインのツリーを脱がせてグラスにかぶせます。ワインで家族やお友達と、ツリーと共にサプライズの乾杯をお楽しみください。

[花材] ヒムロスギ、モミジバフウ、ドウダンツツジ
[その他の材料] ワイン、ワイヤーメッシュ、ゴールドワイヤー、
　　　　　　　　スティックロープ（P78参照）、木の実

作り方のポイント

ツリーのベースは、シート状のワイヤーメッシュ（金網）を円錐形にして固定し、下葉をとった10cmのヒムロスギの枝を縫い込むように重ねながらつけていく。

ワインリース

ワインとミニリースを組み合わせたデザインです。パーティーにワインを……だけではなく、リースも一緒にいかがですか。ワインを開けるときはリースをはずして、リースはお皿の上に。花ある乾杯にひと際ムードが高まります。

[花材] クリスマスローズ、ビバーナム・ティナス、ユーカリ、シンフォリカルポス、コプロスマ、ワイヤープランツ、ヒムロスギ、ハラン

[その他の材料] ワイン、ガラスの皿、ワイヤーメッシュ、水苔、アルミワイヤー、糸

作り方のポイント

リースのベースは、ワイヤーメッシュに水を含ませた水苔を敷き、3mmのアルミワイヤーを芯にしたドーナツ形のベースを作り、10cmのヒムロスギをあてがい糸で固定しながら巻いていく。

FOODS AND FLOWERS

升にいける

穀物の分量を量るための升ですが、同時に水がたまる機能を持った形でもあります。今の時代だからこそ形式にとらわれず、升を花器として扱ってみました。花を立たすメカニックスとして藁を詰め込んでみました。升といえば日本酒がこのデザインにはベストマッチ。花と共においしいお酒をお楽しみください。

[花材]
ホトトギス
リンドウ
リリオペ
[その他の材料]
升
藁
酒器：酒器だるま（P78参照）

2 FLOWERS FOR WEAR
Let's take flowers out with us

まとう花 — 花を連れて出かけよう

アクセサリーと花が一つにとけあった「身にまとう花」です。いつの時代も、どんな文化においても、人は「花を身に着ける」ことで豊かな気持ちを味わってきました。花をまとうことによって、現代のファッションや暮らしに合った「花との豊かな時間」をあなたの個性に合わせてお楽しみください。

These are 'flowers for wearing' that have been created by blending flowers and accessories. In every age and every culture, people have decorated themselves with flowers, enjoying in this way a sense of rich satisfaction. Please enjoy 'a rich time with flowers' that suits contemporary fashions and lifestyles by matching flowers to your own individual style.

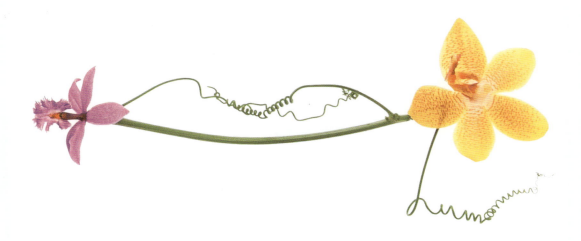

FLOWERS FOR WEAR

日々の花をカジュアルに
フラワーピンバッジ

特別な日だけ胸に花をつけるのではなく、日常生活でもカジュアルに花を連れてお出かけしませんか。日々を楽しむために考えた、フレッシュフラワーがいけられる気軽なブローチに、いろんな花を挿してみましょう。

［花材］女性用：ファレノプシス、フランネルフラワー、リリオペ
　　　　男性用：グリーンベル、ミント
　　　　バッグ：クレマチス、シラタマカズラ、ニューサイラン、タケ
［その他の材料］ピンバッジ：PINKIE（P78参照）

[花材]
Ⓐラナンキュラス
　ユーカリ
Ⓑパンジー
　シラタマカズラ
　グリーンネックレス
Ⓒハボタン
　シンビジウム
Ⓓベアグラス
Ⓔケイトウ
　ケヤキ

Ⓕタイサンボク
　ヒメリンゴ
　サンキライ
Ⓖコウリヤナギ
　シュッコンスイートピー
Ⓗエピデンドラム
　リプサリス

[その他の材料]
ピンバッジ：PINKIE
（P78参照）

FLOWERS FOR WEAR

Ⓐ

Ⓑ

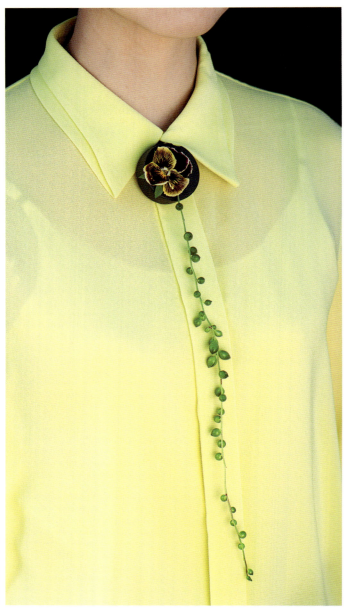

息づく小宇宙
ペンダント&ブローチ

この地球は生命が宿る星です。人間だけではなく植物も快適に生活してほしいという思いをこの形に表現してみました。花は花器より小さく、つるや葉は花器に絡ませたり、垂らしたりして動きを演出してください。

[花材]
着用分：
パンジー
グリーンネックレス
Ⓐクリスマスローズ
　リリオペ
Ⓑグリーンベル

[その他の材料]
磁器：COSMO
（P78参照）

Ⓐ

Ⓑ

生命のいぶき
ブローチ

カンガルーがお腹にあるポケットで子どもを育てるように、あなたも花を胸に育んでみませんか。水がこぼれないように、水をしみ込ませたティッシュペーパーを茎の切り口に巻きつけます。花茎を短くいけ、枝や葉をアクセントで加えてみてください。

[花材]
着用分：
リュウココリネ
ラムズイヤー
Ⓐトクサ
　サンゴミズキ
　アランダ
Ⓑチューリップ
　ラムズイヤー

[その他の材料]
磁器：SQUARE POCKET（P78参照）
ティッシュペーパー

FLOWERS FOR WEAR

Ⓐ

Ⓑ

時空を超えた矢じり
ペンダント&ブローチ

人が植物と暮らし始めた、はるか昔に思いを馳せて、弥生時代の矢じりをモチーフにデザインしました。花冠が重くない花とアクセントに葉やつるを合わせると動きが生まれてきます。

［花材］
着用分：
ファレノプシス
ゲイラックス
Ⓐカラー
　ベアグラス
Ⓑスイセン

［その他の材料］
シルバー器：YAYOI
（P78参照）

ときめくもう一つのハート
ペンダント&ブローチ

愛の象徴のハート形の器に、心のきらめきを花で演出。好きな色や形の花に葉やつるをそえて、その日の服装に合わせてコーディネイトしてみましょう。

[花材]
着用分：
ゼラニウム
クレマチス
Ⓐエピデンドラム
Ⓑパンジー
　ドラセナ
　ハートカズラ

[その他の材料]
シルバー器：KOKORO
（P78参照）

FLOWERS FOR WEAR

ネイチャーアクセサリー

植物をよく観察すると、巧みな美しい形や多彩な色どりなど数多くの才能を持っていることに気がつくでしょう。それらの特性・特徴をいかし、オリジナルアクセサリーを作ってみませんか。光り輝く宝石を身に着けるのもよいでしょうが、さらにあなたの心の豊かさを植物が演出してくれることでしょう。花、葉、枝、茎、その他自然素材をよく観察し、花遊びの感覚で工夫してみてください。

［花材］Ⓐオクラレウカ、ハスノハギリ、グリーンネックレス　Ⓑエピデンドラム、ファレノプシス、トケイソウ
Ⓒドウダンツツジ、ハボタン、エアープランツ　Ⓓパラノムス、ヒアシンス　Ⓔニューサイラン、サンゴミズキ、グリーンネックレス
Ⓕツルバラ、バラ　Ⓖデンドロビウム、パンジー　Ⓗトクサ　Ⓘケール、トクサ　Ⓙナズナ、ストレリチア
Ⓚベアグラス、ヒアシンス、ユーカリ　Ⓛユーカリ、タケ　Ⓜドウダンツツジ、キリ　Ⓝスチールグラス、クリスマスローズ、トクサ
Ⓞクリ、ビバーナム・ティナス　Ⓟナンキンハゼ、イイギリ　Ⓠドウダンツツジ、クヌギ、ハートカズラ　Ⓡキリ
Ⓢパンジー、プロテア、リリオペ　Ⓣスチールグラス、ラムズイヤー

FLOWERS FOR WEAR

Ⓐ

Ⓑ

ゴージャスに花で個性を
ペンダント&フックピン

「あなたの花を咲かせてほしい」という願いを込めたデザインの器はニューヨークのアーティストMichael Michaudと川崎景太のコラボレーション作品。大切な集いに華やかな花を胸につけることで、あなたの輝きが発揮できることでしょう。

［花材］
着用分：
チューリップ
オレガノ
トケイソウ
Ⓐバンダ
　マツ
Ⓑムスカリ
　タケ

［その他の材料］
シルバー器：Bloom
（P78参照）

3 FLOWERS FOR SENDING
Entrusting our feelings to flowers

贈る花 — 花に心を託して

花を贈るとき、贈る方と受け取る方に花を通した「感動の分かち合い」が生まれてこそ、はじめてお互いの絆や信頼をより強固なものにしてくれるに違いありません。「この花この人、この花この場所」を大切にして、花がもたらす感動を分かち合うことができれば幸せです。

There can be no doubt that when we send flowers, and there occurs 'a sharing of the emotions' between the sender and the receiver, then this causes a strengthening of the bonds and mutual trust between us.
There is no greater happiness than when, by paying close attention to the idea of 'this flower for this person; this flower for this place', we creators are able to share the feelings inspired by flowers with others.

FLOWERS FOR SENDING

アレンジメント

コンバインドピース
横に重ね合わせて

花のアレンジメントが小さな花束に変身するデザインをコンバインドピースと名付けました。重ね合わせた花が華やかなテーブルランナーになったのち、個々に持ち帰りいただく花束がさらに感動を与えてくれることでしょう。

[花材] カスミソウ、パフィオペディルム、グリーンミスト、ゲイラックス、カークリコ、シュロ、ツルセイガジュマル
[その他の材料] 竹皮、スティックロープ（P78参照）、ティッシュペーパー、糸、ビニール袋、漆喰紙

[作り方のポイント]
水を含ませたティッシュペーパーで花の切り口をくるみ、ビニール袋に入れて竹皮とカークリコで包んで、スティックロープでとめる。

花束

アレンジメント

花束

コンバインドピース
丸く寄せ合わせて

円形、正方形のテーブルにラウンドデザインを演出すると、どこに座っても公平に花を見ることができます。お客様が好きな色の花束を持ち帰れる楽しさもこのデザインならではのものです。

[花材] ヒアシンス、ムスカリ、オレガノ、ゼラニウム、バジル、トケイソウ、ハラン
[その他の材料] 輪ゴム、ティッシュペーパー、糸、ビニール袋、つる（またはリボン）

> **作り方のポイント**
> 花を数輪束ねて、ティッシュペーパーで茎の切り口をくるみ、糸で巻きつけて水を含ませ、ビニール袋に入れて輪ゴムでとめる。花束をハランの葉の真ん中に置き、下の葉を巻き上げて左右から包み込む。上の茎をたわめて先端をハランの間に挟み込み、つるやリボンでとめる。

FLOWERS FOR SENDING

ベイビーバース　優しいぬくもり

不織布や真綿に優しく包まれた花のデザインをベイビーバースと名付けました。やわらかな赤ちゃんの肌のようにモチモチプクプクした手触りに、最高の幸せが感じられます。

[花材] ムスカリ、バラ、ビオラ、マリーゴールド、スイートピー、ヒアシンス、エンドウ、マーガレット、ニオイスミレ、ゼラニウム、オレガノ、ミント
[その他の材料] 不織布、糸、毛糸、リボン、吸水性スポンジ（紙皿にのせる）

> 作り方のポイント

不織布で球形ベースを作り、中心にアレンジメント用の吸水性スポンジをセットする。毛糸などでベースを飾り、花を挿す。

ベイビーバース　ふわふわベッド

生まれたての赤ちゃんとベッドで共に過ごす一期一会の
最高の思い出を、花に託して表現しました。

[花材] ユーフォルビア、フランネルフラワー、ブルースター
[その他の材料] 真綿、木片、糸、ジッパー付き保存袋、リボン

> **作り方のポイント**
>
> 真綿を二つ折りにして木片をくるんで糸で縫いつける。正面の外側の
> 真綿に花を入れる切れ込みを入れ、ジッパー付き保存袋をセットして
> 水を入れ、花を挿す。仕上げにリボンで飾る。

FLOWERS FOR SENDING

アレンジメント

花束

パタパタデザイン
アレンジメントが花束に

日本の伝統玩具「ぱたぱた」からヒントをもらい、パタパタデザインと名付けました。主役がいる集いで、ジグザグのデザインを広げて楽しんだあと、パタパタと折りたたむことで、アレンジメントが主役の花束に早変わり、一石二鳥のデザインです。

[花材] キク、ホトトギス、ノイバラ、コプロスマ
[その他の材料] 厚紙（全紙サイズ）、両面テープ、ビニール袋、ティッシュペーパー、リボン

作り方のポイント
厚紙を半分に折り、それを折りたたんで5面作り、面の一つ一つの内側にビニール袋を両面テープで貼りつける。底にティッシュペーパーと水を入れ、花を挿す。

アレンジメント

花束

オービーデザイン
集いの花をスペシャルな人へ

帯のようにフラットで流れがあるこのデザインをオービーデザインと名付けました。波うつ華やかなアレンジメントをくるくると巻き込むと豪華な花束に早変わり。これも主役がいる集いのサプライズデザインです。

[花材] フリージア、ラペイロージア、マーガレット、スイートピー、
　　　　ローズゼラニウム、ヤナギ
[その他の材料] 厚紙（全紙サイズ）、両面テープ、ビニール袋、
　　　　　　　　ティッシュペーパー、小枝

| 作り方のポイント |

厚紙を半分にたたんで、内側に両面テープでビニール袋を貼り、底にティッシュペーパーなどの保水性のある紙を入れる。花は底につくまで入れる。

FLOWERS FOR SENDING

清酒と花

花と飲み物を組み合わせたデザインを考えてみました。花のテクスチャーや香りが、飲み物を格別な味にしてくれることでしょう。竹ざるのような容器に、清酒の瓶に合わせた色どりの花をいけてみてください。和の雅なテイストが強調されるぜいたくな贈りものになることでしょう。

[花材]
トルコギキョウ
クレマチス
ムシトリナデシコ
カロライナジャスミン
バラ
オレガノ
ミント
ミモザアカシア

[その他の材料]
ざる
セロハン
吸水性スポンジ

ワインと花

ボトルやラベルの色に合わせ花をいけてみてください。花が、ワインのおいしさをさらに高めて、強く心に残ること間違いなしです。

[花材]
バラ
ネリネ
パフィオペディルム
ラナンキュラス
ベゴニア
ミント
ローズマリー
コプロスマ

ローズゼラニウム
ゲイラックス
プミラ
ヒューケラ
リュウカデンドロン
プレクトランサス
ハゴロモジャスミン
アセビ
ビバーナム・ティナス

ペルネティア
シャリンバイ
ハラン
[その他の材料]
バスケット
セロハン
吸水性スポンジ

FLOWERS FOR SENDING

花束にギフトを添えて

人に小物をプレゼントするとき、花と共に贈るデザインがあったらいいなと、ふと思いました。花は、プレゼントした小物をさらに思い出深い一品にしてくれる、心のメッセンジャーだからです。

[花材] バラ、クレマチス、スカビオサ、アルケミラ・モリス、ゼラニウム、トケイソウ、シュロ、ハラン
[その他の材料] スティックロープ（P78参照）、ティッシュペーパー、糸、ビニール袋

| 作り方のポイント |

シュロの茎でプレゼントを挟み、安定するようにシュロの葉のなかに入れる。

一輪の花のラッピング

花を贈るとき、心を込めて作った一輪の花を贈ることも素敵です。物があふれている今、豊かな精神性を大切にしたプレゼントのほうが、真心が伝わりやすいのではないでしょうか。

［花材］Ⓐバラ、ヤドリギ、ブルーアイス、ドラセナ
　　　　Ⓑバンダ、タニワタリ、ハボタン、アンセリウム、ガイミアリーフ
　　　　Ⓒスイセン、カークリコ
［その他の材料］Ⓐ竹皮、竹　Ⓑアルミワイヤー　Ⓒ紙（花色に合わせる）、リボン
　　　　　　　　ⒶⒷⒸティッシュペーパー、ビニール袋

> **作り方のポイント**

Ⓐ竹皮と竹がラッピング材であり、器ともなる。
Ⓑアンセリウムの葉で花を巻いて、折り曲げてアルミワイヤーでとめる。
Ⓒ茎にティッシュペーパーを巻いて、水を含ませてからビニール袋に入れる。

FLOWERS FOR SENDING

心に残るメッセージカード

花の贈りものにあなたの思いをひと言つづると、その思いを花は必ず届けてくれることでしょう。また、思いをつづったカードを引き出すと花が色に染まるという不思議なメッセージカードがあります。このメッセージカードは、あなたのひと言をドラマチックに演出します。

[花材] Ⓐチューリップ、ハラン、トケイソウ Ⓑバラ、カラー、シルバーブルニア、コプロスマ、ブルーアイス、ヒムロスギ、ドラセナ、ツルハナナス、ヒメリンゴ
[その他の材料] Ⓐ花の写真、白紙のカード、リボン
Ⓑ枝、マジックメッセージカード（P78参照）

作り方のポイント

Ⓐ雑誌やカレンダーなどのお好きな写真を切り取って、白紙のカードに貼りつけて内側にメッセージをつづる。
Ⓑ細長い葉っぱを重ね合わせた間にカードを挟む。

4 FLOWERS FOR INTERIORS
A space for the thrills, inspiration and brilliance released by flowers

インテリアの花 ─ 花が放つ ときめき、ひらめき、きらめきの空間

暮らしにある花はけっして一人歩きはしません。インテリアは大地や背景そして季節ごとの情景、音楽は鳥のさえずりや虫の音色、人の営みは自然界の多くの仲間や現象によって変わる存在です。そのなかで花はさらなるイマジネーションをかりたて、私たちに笑顔や喜びを与えてくれるのではないでしょうか。豪華さや絢爛さだけではなく、花が居心地よいと感じられる空間を想像し、お楽しみください。

Flowers in our daily lives never exist entirely on their own. Interiors are equivalent to the earth or the background or the scenes of the various seasons, just as music is the equivalent of the singing of birds or the cries of insects. Human activities correspond to those of our companions or other phenomena in nature. Among all those, do not flowers perform with an imagination beyond our knowledge, bringing us smiles and pleasure? Please enjoy imagining spaces which are not merely gorgeous or luxurious, but which feel pleasant and comfortable to flowers.

FLOWERS FOR INTERIORS

トクサの才能をいかして

トクサは空洞で節目があります。その特性をいかしました。トクサが立つようにアルミワイヤーを根元からさし込み、折り曲げて四角や三角の台座を作り、小石を重しにします。花器に早変わりしたトクサのなかに水を入れて、小花をいけました。

[花材] トクサ、コスモス
[その他の材料] アルミワイヤー（3mm）、石

作り方のポイント

1. トクサの茎にアルミワイヤーをさし、茎を三角に折って土台にして石を置く。
2. トクサの茎に水を入れる（水は節目で止まる）。

水面の花

水面に花を浮かべると表面張力で端へ端へと動いてしまうので、花が水面で動かないようにセロハンを使って工夫しました。「なぜ花が集まって中心に?」と驚いてしまう、不思議な感覚を楽しめる涼やかなデザインです。

[花材] マーガレット、マトリカリア、カラスノエンドウ
[その他の材料] 器、セロハン

作り方のポイント

水を張った器に、中央に花を入れるスペースをあけて器の形に合わせて切ったドーナツ形のセロハンを、水面に気泡ができないように注意しながら浮かべて、ドーナツの穴の部分に花を挿す。

川砂にいける「砂の物」

切り花は大地と根っこを失ってしまったことで、自分で立つことができません。先人は大地や根っこに代わり、切り花がすっくと立てるよう砂を用いたメカニックスを生み出しました。その発想に感謝し、今の時代に息づく「砂の物」をモダンな山水画風に。

[花材] ノコンギク、フジバカマ、ナズナ、アスター、コケ
[その他の材料] 器、砂ジャリ、石

込み藁にいけた現代花

大地と根っこに代えて、束ねた藁を用いて切り花に新たな環境を作った先人の知恵に感謝の気持ちを持って、現代の空間に対応できる作品にしてみました。古きよき時代の文化が今日の生活にいきる喜びを感じます。

[花材]
エピデンドラム
シネラリア
ムシカリ
[その他の材料]
藁
紐

FLOWERS FOR INTERIORS

ツバキの葉を支えにして

常緑で肉厚の葉を重ね合わせてグラスに噛ませたり、のっけたりすれば、大地や根っこに代わる立派なメカニックス。花を一輪、数輪、葉と葉の間に挟んでいければ、今日からあなたはフラワーデザイナーです。

[花材] Ⓐツバキ、マーガレット、マトリカリア、スチールグラス
　　　 Ⓑツバキ、ファレノプシス、デンドロビウム
[その他の材料] Ⓐ枯れ枝、竹串2本　Ⓑ両面テープ

作り方のポイント

Ⓐ枯れ枝を2分割し、片方の切り口に穴を二つあけて竹串をさし、ツバキの葉を裏表交互に串刺しして、もう一方の切り口に竹串をさして葉を両方から挟み込む。

Ⓑ10枚ほどのツバキの葉を両面テープでとめながら重ね合わせてとめて、切れ込みを入れ、グラスの縁に挟み、葉の間に花を挿す。

タケに咲いた花

タケは空洞で節目があります。この才能を借りて、稈(幹)に穴をあけてなかに水苔を詰め、花をいけてみました。アンバランスな左右非対称の空間が美しく広がり、わび・さびの利いた和モダンに仕上がりました。

[花材] ツバキ、オンシジウム、タケ
[その他の材料] 水苔

作り方のポイント

花をいける稈の部分にドリルで穴をあけ(一列に)、節を抜いた稈に水を含ませた水苔を詰めて水やりする。

リボンに咲いた花

花は平面に飾ったり、腕に抱いたりするだけではなく、空間に吊ったり、壁面を演出するという考え方もしてほしい、という思いから生まれたデザインです。部屋を間仕切る、寂しい空間を華やいだ場にする、などの目的を考えながら「このデザイン、この場所」の可能性を広げてみてはいかがですか。

[花材] オンシジウム、リュウココリネ、ムスカリ、ラナンキュラス、バラ、チューリップ、スイセン、エンドウ
[その他の材料] 枯れ枝、リボン、厚紙、両面テープ、ピンバッジ：PINKIE（P78参照）

作り方のポイント

枯れ枝にリボンを両面テープで固定して垂らし、ピンバッジが回転しないようにリボンの間に厚紙を挟んでピンバッジをとめて、花を挿す（花冠が重い花や茎が太い花はさける）。

Man and Woman

花器のフォルムを男性、女性にしてみました。この二つの花器に、顔をイメージして花をいけてみてください。二輪の花の表情がきっとあなたに笑顔をもたらせてくれることでしょう。

[花材] カラー、ユーカリ、エンドウ、ダリア、カラスノエンドウ
　　　　ムシトリナデシコ
[その他の材料] 器：MW（P78参照）

FLOWERS FOR INTERIORS

フレッシュとドライ
美しさを引き立て合う

エネルギッシュで瑞々しい輝きを持つフレッシュフラワーとシックで成熟した美しさを謙虚に放つ立ち枯れたドライフラワー。この異なった植物同士がお互いの美しさをリスペクトし合って、あなたに素敵なときめきを与えてくれるでしょう。ドライフラワーを器代わりにしてフレッシュフラワーをいけることで、自然界のいのちの継承を物語ります。

[花材] フレッシュ：ツバキ、バラ、クリスマスローズ
　　　　ドライ：アジサイ、ノリウツギ、ケイトウ、ヒエ、スモークツリー
[その他の材料] 器、グルー（接着剤）、吸水性スポンジ

| 作り方のポイント | グルーガンで器にドライフラワーを貼りつける。

フレッシュとドライ
立ち上がる花のいぶき

立ち枯れても、なお野性味あふれるススキなどで作った鳥の巣のようなデザイン。器の上に置き、そこからのびのびと元気に立ち上がるフレッシュフラワーが次なる時代のいぶきを感じさせます。

[花材]

フレッシュ：
グリーンベル
ムシトリナデシコ
クレマチス
アスチルベ
スカビオサ

ドライ：
エノコログサ
ススキ

FLOWERS FOR INTERIORS

カラーの茎で花くばり

カラーの茎をカッターナイフで細かく割いて氷水につけるとクルクルと丸まって絡み合い、無作為なボール状になります。このボールをメカニックスにし、花をいけることで、変化した茎も素敵な作品の一部となり、魅力ある斬新なデザインとして楽しむことができます。

[花材] カラー、ホトトギス、ダリア、カヤツリグサ、センニチコボウ
[その他の材料] ガラスの器

> **作り方のポイント**
>
> 1. 茎を2～3mm幅にカッターで割く。
> 2. 氷水につけながら丸めるとひきしまる。
> 3. 丸めたカラーの茎をくばりにして花を挿す。

バークチップに咲いた花

バークチップは植木鉢の土の上に敷くものという固定概念から離れ、花のメカニックスとして活用しました。バークチップの間から顔を出す花は自然の優しい光景を作り、心を和ませてくれます。花を配置するときは、グループ状にまとめると、花とバークチップが強調し合い美しく見えます。枯れ枝や石もデザインのアクセントに加えます。

[花材] ビオラ、セダム、ユウギリソウ、トケイソウ、ウメ
[その他の材料] 器、バークチップ、チキンワイヤー、強力テープ

作り方のポイント

バークチップをチキンワイヤー（金網）の上にのせて裏から強力テープでとめて、花を入れる箇所に穴をあけたチキンワイヤーを、水を張った花器の上に置いて花を挿す。

FLOWERS FOR INTERIORS

POSFLORA®

写真に咲いた花

花を花瓶や水盤にいけるという考え方から離れ、写真を背景に花を一輪いけてみませんか。その作品を壁に掛けると、未だ見ぬ新しい世界が広がることでしょう。二次元の写真と三次元の花を組み合わせて、あなたの物語をふくらませてください。

[花材] Ⓐアマリリス、デンドロビウム　Ⓑパンジー
　　　　Ⓒバラ　Ⓓスイセン
[その他の材料] パネル、試験管、両面テープ付きマジックテープ

[作り方のポイント]
お気に入りの写真をパネルに貼り、花を挿したいところに穴をあけて、パネルの後ろに水やりのための試験管をマジックテープで貼りつける。

鏡の前の花　リバーシブル

表の花と裏の花をフラットな葉で間仕切り、色も種類も形もまったく異なるデザインを考えてみました。このアレンジメントは鏡の前に飾ることで、肉眼でダイレクトに見える花と、鏡に垣間見る花の両面を楽しむことができます。部屋を分けたいときにも最適なデザインです。

[花材]
アマリリス
ツバキ
ゼラニウム
バラ
オウゴンミズキ
ガイミアリーフ
ニューサイラン
サンゴミズキ
ネコヤナギ
ムスカリ
ビオラ

[その他の材料]
器
吸水性スポンジ

鏡の前の花　ダブルジオメトリック

鏡の特性をいかしたデザインを考えました。半球体は球体に、半円錐は円錐に、三角柱は角柱に、見事にダブルになります。「このデザイン、この場所」を意識した斬新な、得した気分になれるデザインです。

[花材]
フランネルフラワー
ビオラ
シロタエギク
コケ
[その他の材料]
器
吸水性スポンジ

FLOWERS FOR INTERIORS

紙の絵付け花瓶にいける

高価で貴重な磁器の花瓶に花をいけることは、一般的には非現実的な世界です。「でもいけてみたい」という思いを紙に託して作った器です。この花器なら割れることなく安心です。お手軽にサプライズオブジェとしてお楽しみいただけます。和花をいけるときは茎や葉の線を強調し東洋のわび・さびを、洋花をいければ和洋折衷の神秘的な華やかさを演出できます。

[花材] キク、カラスウリ、カークリコ
[その他の材料] 器：紙の器（P78参照）、小石

[作り方のポイント] 紙の器に小石を入れてふくらみをもたせ、水を入れ、花を挿す。

水に立つ不思議な花

「なぜ花が立っているの?」と思わせてくれる不思議な花器。じつは花を立たせるためのメカニックスはスポンジでできています。まずスポンジに水をしみ込ませ、スポンジの切れ込みに数本、小花を挿してみてください。水でスポンジが見えなくなります。茎が細くラインが美しい、花冠が軽やかな花を選び、低い位置にはハーブなどの葉がよく合います。多くの花を使わずに水面を強調してください。

[花材] トクサ、シュッコンスイートピー、エンドウ、ポピー、オレガノ
[その他の材料] 器:THE ROOT (P78参照)

> **作り方のポイント**
> 1. 器のなかのスポンジには多数切れ込みが入っていて、そこに花を挿す。
> 2. スポンジの気泡を抜きながら、しっかりと水をしみ込ませたあと、たっぷり水を入れる。

わっぱに花

花を箱にデザインするアレンジメントは西洋風な表現が多いのですが、杉のわっぱにアレンジすると、杉の香りと共に温もりのある「和の心」が生まれました。

[花材] お弁当：ドラセナ、センニチコウ、エキナセア、ユーカリ、バラの実、カラスウリ、ビバーナム・ティナス、トクサ、オクラレウカ、ノコンギク、ヒューケラ、ジニア、ソラナム、ケイトウ、ローズゼラニウム
アレンジメント：ミューレンベルギア、スギ、カヤツリグサ、ジニア、セロシア
[その他の材料] 器：HANA WAPPA（P78参照）、吸水性スポンジ、ビニール

作り方のポイント　わっぱを組み立ててビニールを敷き、吸水性スポンジをのせる。

ダンボールに咲いた花

ダンボールには小さい穴が無数にあいています。その特徴をいかし茎の細い小花をその穴に通して花をいけてみました。普段あまり注目されない素材が、暮らしのなかで素敵な作品に生まれ変わり、話に花が咲くこと間違いなしです。

[花材] リュウココリネ、ナズナ、ネリネ、モミジバフウ
[その他の材料] コップ、ダンボール、リボン

作り方のポイント

お好みのコップの口径に合わせてダンボールに切り込みを入れて、ダンボールを挟んで固定させ、断面の空洞に花を挿す。

FLOWERS FOR INTERIORS

タペストリーと花

透ける地に花が描かれたタペストリーを背景に、花を飾って広い空間に絵を描いてみました。ダイレクトに目に映るリアルな花の美しさとタペストリーの透ける花との競演です。

[花材] ササユリ、オトメユリ、ユリ（オリエンタルハイブリッド）、
　　　　リョウブ、コケ
[その他の材料] 竹、タペストリー：HANA GRAPHIC Tapestry
　　　　　　　（P78参照）

ユポ紙にいける

紙は通常、吸水性なので花をいけるには適してはいませんが、非吸水性のユポ紙なら大丈夫です。紙を三角に2回折りたたみ、袋状の三角形にします。そこに水をためて花をいけてみました。凛とした和モダンを感じさせてくれる風情をお楽しみください。

[花材] ボケ、チューリップ、バラ
[その他の材料] ユポ紙、竹、小枝

作り方のポイント

市販のユポ紙を正方形に切り、三角形に2回折って、底部を切れ目を入れた竹にさし込み水を入れる。小枝で作ったクリップをさして花を支える。

FLOWERS FOR INTERIORS

花懐石

小さな小鉢にただ料理を盛りつけるだけではなく、創意工夫をこらし手間をかけて「もてなしの心」を演出する懐石料理。この発想を花に託し、集合の美として表現してみました。花一輪、数輪だけでもかわいらしく見ごたえのあるデザインとして楽しむことができます。

[花材]
・上の段左から:
ビオラ＋リリオペ
レウイシア＋グリーンネックレス
ビデンス＋ツバキ
キク＋ニューサイラン
マトリカリア＋ナスタチウム
・中の段左から:
ビオラ＋ムシカリ
マトリカリア＋トクサ
ムシトリナデシコ、リュウココリネ＋フトイ
マーガレット＋ヤナギ
ミツマタ、レウイシア＋サンゴミズキ
・下の段左から:
レウイシア＋タニワタリ
アスター＋タケ
キク＋マツ
スイセン＋オクラレウカ
レウイシア＋サクラ
[その他の材料] 小鉢

5 FLOWER GRAPHICS
Flowers Flourishing on Flat Surfaces

花で絵を描く — 平面に息づく花

フレッシュフラワーには立体的な美しさがあります。でもそれらの花を平面媒体で楽しみたいと思って写真に収めても、なかなか美しさが表現できないと感じたことはありませんか。写真にするときは、平面をあらかじめ意識して、花を思うままリズミカルに組み合わせて配置し、カメラに収めてみましょう。きっと記憶に残るポストカードやポスターとして生活をより豊かなものとしてくれることでしょう。四季折々、花の魅力を思う存分お楽しみください。

Fresh flowers have a three-dimensional beauty. But have you never felt that when we take a photograph of those same flowers, hoping to enjoy them in a flat medium, it turns out to be difficult to convey that beauty? When we create designs that capture the rhythmical expression of flowers in such forms as postcards and posters, we call such designs 'flower graphics'. Please enjoy to the full the charm of flowers through the four seasons.

FLOWER GRAPHICS

Ⓐ

Ⓑ

春 Spring

うららかな春の思いを花で描いてみてください。きっと優しい気持ちになれることでしょう。

【花材】Ⓐチューリップ　Ⓑデイソディア、エンシクリア、トリテレイア、イシイモ、スモークツリー　Ⓒプリムラ、サクラ　Ⓓヒアシンス、エンドウ

Ⓐ春、気持ちが小躍りするようにチューリップを演出。　Ⓑ出会いや別れをマスと線で表現。　Ⓒ桜の吹きだまりからのインスピレーション。　Ⓓヒアシンスとエンドウを組み合わせて未だ見ぬ花を。

FLOWER GRAPHICS

Ⓐ

Ⓑ

夏 Summer

燃えたぎるパッション、緑豊かな生命力を意識して花から元気なパワーをもらい記憶に残る夏の思い出を描いてみましょう。

[花材] Ⓐハイビスカス、アンセリウム、バナナ、ヒペリカム、グロリオサ、ペチュニア、クルクマ、ジンジャー、トケイソウ、サンタンカ、ベゴニア　Ⓑヒマワリ、グロリオサ　Ⓒアジサイ、ルリタマアザミ　Ⓓクローバー、カラスノエンドウ、オキザリス

Ⓐ鮮やかなトロピカルフラワーを組み合わせてバカンス気分。　Ⓑ真っ赤に燃える情熱の太陽で夏を乗りきる力を。
Ⓒ雨の多い初夏に涼やかに咲くアジサイをイメージして。　Ⓓエネルギッシュな新緑のなかに潜む幸福の四葉を探して。

FLOWER GRAPHICS

Ⓐ

Ⓑ

秋 Autumn

澄み切った高い空に映える色変化、豊かな実りの恵みに感謝の気持ちを持って秋を演出してみましょう。

[花材] Ⓐダリア、ベゴニア　Ⓑダリア、カエデ、カラスウリ　Ⓒジニア、エゾノコリンゴ　Ⓓコスモス、ヤマホロシ

Ⓐ色彩豊かな秋の贈りものを四角いフレームにとどめて。　Ⓑ緑から赤に変化し、やがて成熟した実を育むプロセスをエンドレスに表現。　Ⓒ実り多き秋のイメージをコミカルに演出。　Ⓓ秋を代表する花、コスモスで高い空に広がるコスモ（宇宙）ワールドを。

FLOWER GRAPHICS

Ⓐ

Ⓑ

冬 Winter

透徹した冷たい空気、クリスマスやお正月などの行事、清らかな美しさと神々しさを感じる冬を花に託して描いてみましょう。

[花材] Ⓐキク、マツ　Ⓑスイセン、ロウバイ、ラナンキュラス　Ⓒポインセチア、モミジバフウ

Ⓐお正月、新たな年を迎える喜びを風情豊かに。　Ⓑ張り詰めた冷たい空気のなか、凛として咲くスイセンの生命力を表現。
Ⓒクリスマスカラーを意識して、仲間や家族と楽しくリズミカルに。

作り方のポイント　お好きな花をリズミカルに配置して、上から撮影してポストカードなどにプリントする。

植物と人が奏でる地球のシンフォニー

日々忙しく過ごすなかで、ふと花を目にしたとき、その美しい姿に思わず顔がゆるみ、優しい気持ちが訪れてきます。しばし立ち止まり、その香りに癒されていると、この花が歌うとしたらどんなメロディーなのかしらと想像してしまいました。そんなある日、イタリアのあるグループが作った植物のいのちの流れ（生体電流）を音にする装置「Music of the Plants」に出会ったのです。葉っぱと根っこにその機器をつなぐと、何と純真無垢なメロディーが流れ出てくるではありませんか。
「やっぱり植物は生きている。呼吸している。」とさらに強く実感しました。
この奇跡のような歌と共演したい！ 植物と人が調和して織りなす音楽を奏でたい！ そこから新たな世界がスタートしました。
雑念を取り払い、無心になって植物と共に演奏を始めると、聞こえてきたのです。知らず知らずのうちに私たちはかなり人間本位に生きてきたようです。しかしどんなときでも、私たちのすぐ傍らで花はそっと咲き、樹々の周りで風は舞い、鳥たちは歌い、生を謳歌していることに気がつきました。この地球で、太古の昔から共に生きてきたのに、その生き方は計り知れないほど寛大で優しいのです。もっと人間以外の生きものや植物の声に耳を貸して、と言っているように聞こえた気がします。この音楽を、読者の皆様と分かち合いたく思います。

下記のアドレスから以下の二曲が無料ダウンロードできます。花のデザインと共にお楽しみ下さい。
1.「楽園の波動」 ～トロピカルフラワーと一緒に～
2.「精霊とのハーモニー」 ～富士山を仰ぎ見る樹海にて～

http://ktion.co.jp/aoihoshi/

Aoihoshi (sound team)

川崎ろまん

15歳の時、YAMAHA JUNIOR ORIGINAL CONCERT 全国大会で川上社長賞受賞。東南アジア、メキシコなど国内外での演奏活動に参加。国立音楽大学ピアノ科を卒業後、女性Keyboard group「COSMOS」のピアニスト＆作曲家としてデビュー。オリジナルCDの他、森谷司郎監督映画「漂流」のサントラAlbum制作、ミキハウス、日本楽器、ポニーキャニオンのCM制作。「笑っていいとも」、桂文珍ライブステージでレギュラー・生演奏。独立後はフラワーアーティスト川崎景太「Super Triple Fusion」のステージ音楽制作を中心にAoihoshiの作・編曲、キーボードを担当。2017年5月にパリで開かれる第一回「植物と音楽のコンサート」に参加予定。

鈴木浩之

1982年、松武秀樹氏のアシスタントを経て、86年よりシンセサイザー・プログラマーとして、レコーディング、CM、イベント、ライブなどに参加。2000年よりフリーとなり、プログラマーのみならず、作・編曲家、プロデューサーとして活躍中。BOØWY「BEAT EMOTION」「PSYCHOPATH」、布施明「DO MY BEST」、映画「千年の恋」、アニメ「美少女戦士セーラームーンシリーズ」「デジモンシリーズ」「宇宙戦艦ヤマト2199」「ルパンⅢ世」のシンセ・プログラミング。「カービィ！」「われらスクリューズ」の編曲。Aoihoshiの作・編曲、プログラミング担当。

植物から香りの贈りもの

植物は私たちが持ち備えていない数々の香りを持っています。その才能と恩恵をいただくことで、私たちは今日、暮らしのなかで香りを楽しむことができているのではないでしょうか。そこで私たちは「幸福感」「郷愁」をテーマに癒しやくつろぎ、安らぎを与えてくれる新感覚の香りを考えてみました。この香料は、150年以上の歴史を持ち、世界中に数々の名香を生み出しているフランスの老舗香料会社とのコラボレーションによって、川崎景太の作品からパフューマーが香りをイマジネーションするというまったく新しい方法から生まれました。心地よい香りと共に、気持ちがより豊かになり、快適な暮らしが送れるよう植物はポジティブでインパクトのあるパワーを与えてくれることでしょう。

上：SOUS BOIS COLOGNE
森とフローラルの香り
下：FEUILLES DE TOMATE FLORAL
もぎたてトマトとフローラルの香り
HANA SENSE（P78 参照）

Keita Original 一覧

凡例：以下のリストは、1段目「商品名」、2段目「機能」、3段目「カテゴリー」、4段目「メーカー」の順となっています。

P08
HANA GRAPHIC WOOD（花グラフィックウッド）
グラフィックデザイン
HANA GRAPHIC
株式会社イクタ / KTION

P09・22・23・50
PINKIE（ピンキー）
ピンバッジ
HANA MATOI
KTION

P12・13
PLACE MAT（プレイスマット）
ランチョンマット
HANA GRAPHIC
KTION

P12・13
HANA MAKURA（花マクラ）
箸置き
HANA SUMI
KTION

P12・13
HANA GRAPHICコースター
コースター
HANA GRAPHIC
KTION

P17
CELL plate（セルプレート）
器
KEITA SELECTION
株式会社セラミック・ジャパン

P18・32・40
STICKROPE（スティックロープ）
紐
資材
KTION

P20
酒器だるま
徳利・猪口
KEITA SELECTION
株式会社セラミック・ジャパン

P24
COSMO（コスモ）
ペンダント
HANA MATOI
KTION

P25
SQUARE POCKET（スクエアポケット）
ブローチ
HANA MATOI
KTION

P26
YAYOI（ヤヨイ）
ブローチ・ペンダント
HANA MATOI
KTION

P27
KOKORO（ココロ）
ブローチ・ペンダント
HANA MATOI
KTION

P30
Bloom（ブルーム）
ペンダント・フックピン
HANA MATOI
KTION

P42
マジックメッセージカード
色の変わるメッセージカード
HANA GRAPHIC
KTION

P51
MW（エム・ダブリュー）
花器
HANA SUMI
KTION

P60
紙の器
花器
HANA SUMI
KTION

P61
THE ROOT（ザ・ルート）
花器
HANA SUMI
KTION

P62
HANA WAPPA（花わっぱ）
花器
HANA SUMI
KTION

P64
HANA GRAPHIC Tapestry（花グラフィックタペストリー）
グラフィックデザイン
HANA GRAPHIC
株式会社フジサワ・コーポレーション / KTION

P77
HANA SENSE（花センス）
香水
HANA SENSE
KTION

※「HANA GRAPHIC」「HANA SUMI」「HANA MATOI」「HANA SENSE」「THE ROOT」「POSFLORA」「STICKROPE」は株式会社KTIONの登録商標です

[カテゴリーコンセプト]
• HANA GRAPHIC：平面世界に息づく花の美しさ（グラフィックデザイン）
• HANA SUMI：「住みよい我が家」を花たちに（花器）
• HANA MATOI：花を連れて出かけよう（アクセサリー）
• HANA SENSE：郷愁と安らぎ、広がる幸せ（フレグランス）

[使用商品の詳細] http://keita-fo.com
[お問い合わせ] info@ktion.co.jp

KTION STAFF 植物への思い　　●Keita Flower Design　❘Keita Original

フラワーアーティスト川崎景太は、フラワーデザインのパイオニアである「マミフラワーデザインスクール」の主宰を長年務め、そのなかで培ってきた「花ある暮らしの豊かさ」を多くの方々に啓蒙すべく、2014年に「株式会社KTION」を立ち上げました。本書はKTIONのスタッフの協力のもとに制作されました。

●大坪靖枝　Yasue Otsubo
チーフ・フラワーデザイナー
なに気ない日常のなかに、「あぁ～きれいだな～」と思う気持ちを大切にしています。香りや季節の花を感じるたびに、思い出がふえていくような作品を作っていきたいと日々思っています。喜んでいただけることを思い描いて花をデザインすることが、私にとって一番大事にしていることです。

●玉井愛純　Azumi Tamai
フラワーデザイナー
私にとって花は元気を与えてくれるものです。特に道端に咲く花を見ると感じます。どんな環境でもそこに根づき、花を咲かせる姿には癒され、自分を奮い立たせてくれます。私は見る人にも元気を分けてあげられるものを作っていきたいと思います。そのために好奇心を持って花と接し、個性をいかせるようになりたいです。

●上田博信　Hironobu Ueta
フラワーデザイナー
日頃から植物に対して感じていること、それは「強い生命力と繊細な美しさ」です。次に、私がデザイナーだからというわけではなく、木、葉、実など、植物を総じて「花」と思っています。そして可能な限り、植物たちが持っている本来の姿や特性をいかせるようなデザイン制作を心がけていきたいです。

❘川崎ろまん　Roman Kawasaki
作・編曲・ピアニスト
自然への感謝を込めて、生きとし生けるものとの共生を音楽で奏でていきたいと思います。生活のなかに花一輪あることで、ふわっとした優しい気持ちになれる。そこに植物の息づかいが音楽として聞こえてきたら、もっと深い共振がおこるのではないでしょうか。感謝と共生をテーマに自然との歓喜の歌を作っていきたいと思います。

●宮島瑞季　Mizuki Miyajima
フラワーデザイナー
私は花特有の色や質感、フォルムが好きで、なかでも特に色に惹かれます。その花自身が持っている独自の色の魅力をよりいっそう引き出せるように、色を集めるデザインが好きで、作品全体の色のバランスを大切にしています。花を通して思わず「わぁー！」と笑顔が咲くような作品を作っていきたいです。

❘井上博道　Hiromichi Inoue
クリエイティブディレクター
おもに川崎景太の作品「HANA GRAPHIC」を使い、アート、デザイン、そして現代テクノロジーから伝統工芸までさまざまな要素を織り交ぜて、企業間コラボレーションやブランディング、企業との商品開発を担当。花表現の新たな可能性を広げたいと思っています。

●鈴木雅人　Masato Suzuki
フラワーデザイナー
幼い頃からなぜか花が大好きでした。その「なぜか」をずっと探りながら花の仕事をしてきましたが、その答えは見つけられずにいます。でも、今も花は好きです。花はいのちあるものですし、人が作りえない美しさを備えています。人の手が加わることで、そのいのちや美しさを損なうことのないよう、常に心がけています。

❘鈴木浩之　Hiroyuki Suzuki
音楽・商品マネージャー
「どうしたらもっと身近に花を楽しんでもらえるか」そして「そのためにはどのような商品を提供するべきなのか」を考えています。本書には花を楽しむヒントがたくさんありますので、ぜひ試していただきたいと思います。暮らしのなかで「音楽」のようにあたりまえに「花」が存在する環境作りをめざしています。

Postscript

この本では、「花はこう飾るべき」「花はこういけるべきである」という固定観念から離れ、「花が心地よいと感じる空間とは」「花が環境のなかで息づく喜びとは」など、花本位に、花が快適に生活できるであろうデザインを提案させていただきました。私が考えるフラワーデザインは、けっして一人歩きするものではありません。そこには建築、インテリア、そして人の営み、食、音楽、香りなどの異文化が個としてのリズムを刻むのではなく、それぞれが協調性をもって重なり合い、心地よいメロディーを奏でて、花は知識以上の美しさや存在価値を、私たちに喜びとして与えてくれると信じてやみません。つまり、五感に響く花世界を、生きとし生けるものとの「感動の分かち合い」を大切にクリエイトすること、それが私が理想とする花の表現方法なのです。

最後にこの本を制作するにあたりご協力くださった、カメラマンの中島清一様、ブックデザインの林琢真様、編集の石川公枝様、池田充枝様、宮崎雅子様はじめ六耀社の皆様、KTIONのスタッフ一同、そして自然界の仲間たちに心から感謝の意を表したいと思います。

フラワーアーティスト　川崎景太

暮らしに息づく花
KEITA FLOWER DESIGN

2017年4月20日　初版第1刷発行

著者：川崎景太

発行者：圖師尚幸
発行所：株式会社 六耀社
〒136-0082　東京都江東区新木場2-2-1
Tel.03-5569-5491
Fax.03-5569-5824
www.rikuyosha.co.jp
印刷・製本：シナノ書籍印刷 株式会社

©2017 keita kawasaki
ISBN978-4-89737-892-3
Printed in Japan
NDC793 80p 25.7cm

本書の無断掲載・複写は著作権法上での例外を除き、禁じられています。
落丁・乱丁本は、送料小社負担にてお取り替えいたします。

撮影：中島清一
ブックデザイン：林琢真、鈴木晴奈（林琢真デザイン事務所）
英訳：エイドリアン・J・ピニングトン
編集：石川公枝、池田充枝

Special Thanks
P64　撮影：岡本譲治
P38　材料提供：吉久保酒造株式会社
P50　材料提供：株式会社リボンワールド
P59　材料提供：美濃トルコギキョウ研究会
P76　音楽制作協力：株式会社マルダイ、ダマヌール東京